BEI GRIN MACHT SICH IHR WISSEN BEZAHLT

- Wir veröffentlichen Ihre Hausarbeit, Bachelor- und Masterarbeit

- Ihr eigenes eBook und Buch - weltweit in allen wichtigen Shops

- Verdienen Sie an jedem Verkauf

Jetzt bei www.GRIN.com hochladen und kostenlos publizieren

Bibliografische Information der Deutschen Nationalbibliothek:

Die Deutsche Bibliothek verzeichnet diese Publikation in der Deutschen Nationalbibliografie; detaillierte bibliografische Daten sind im Internet über http://dnb.d-nb.de/ abrufbar.

Dieses Werk sowie alle darin enthaltenen einzelnen Beiträge und Abbildungen sind urheberrechtlich geschützt. Jede Verwertung, die nicht ausdrücklich vom Urheberrechtsschutz zugelassen ist, bedarf der vorherigen Zustimmung des Verlages. Das gilt insbesondere für Vervielfältigungen, Bearbeitungen, Übersetzungen, Mikroverfilmungen, Auswertungen durch Datenbanken und für die Einspeicherung und Verarbeitung in elektronische Systeme. Alle Rechte, auch die des auszugsweisen Nachdrucks, der fotomechanischen Wiedergabe (einschließlich Mikrokopie) sowie der Auswertung durch Datenbanken oder ähnliche Einrichtungen, vorbehalten.

Impressum:

Copyright © 2016 GRIN Verlag, Open Publishing GmbH
Druck und Bindung: Books on Demand GmbH, Norderstedt Germany
ISBN: 9783668293946

Dieses Buch bei GRIN:

http://www.grin.com/de/e-book/338963/wahrnehmendes-beobachten-als-grundlage-paedagogischen-handelns

Sabine Schmidt

Wahrnehmendes Beobachten als Grundlage pädagogischen Handelns

GRIN Verlag

GRIN - Your knowledge has value

Der GRIN Verlag publiziert seit 1998 wissenschaftliche Arbeiten von Studenten, Hochschullehrern und anderen Akademikern als eBook und gedrucktes Buch. Die Verlagswebsite www.grin.com ist die ideale Plattform zur Veröffentlichung von Hausarbeiten, Abschlussarbeiten, wissenschaftlichen Aufsätzen, Dissertationen und Fachbüchern.

Besuchen Sie uns im Internet:

http://www.grin.com/

http://www.facebook.com/grincom

http://www.twitter.com/grin_com

Universität zu Köln
Humanwissenschaftliche Fakultät
Frühe Kindheit und Familie
Institut für Bildungsphilosophie, Anthropologie und Pädagogik der Lebensspanne
Semester: Wintersemester 2015/2016
Art der Arbeit: schriftliche Ausarbeitung eines Referats
Abgabedatum: 02.03.2016

Wahrnehmendes Beobachten als Grundlage pädagogischen Handelns

Vorgelegt von:

Sabine Schmidt

Fachsemester: 2 /seit SoSe 2015

Studiengang: LA Gym/Ge Deutsch, Pädagogik

Wahrnehmendes Beobachten als Grundlage pädagogischen Handelns vor dem Hintergrund der Bildungsvereinbarung 2011

Bildung

Eine einheitliche Definition von Bildung gibt es nicht. Von Humboldt ausgehend stellt Bildung ein Verhältnis zwischen dem individuellen Ich und der Welt her. Dabei wird Individualität nur durch die Auseinandersetzung mit dieser Welt gewonnen. Das Subjekt braucht ein Gegenüber, durch das es sich bilden kann. Bildung wird möglich sowohl durch die Verbesserung und Veredelung der individuellen Kräfte der eigenen Natur, als auch durch die Verbesserung der Werkzeuge, mit deren Hilfe sich das Subjekt mit der Welt auseinandersetzt. Ziel ist dabei die höchste und ´proportionierlichste´ (Humboldt) Bildung der Kräfte zu einem Ganzen, was nur gelingen kann, wenn die Aufgabe des Menschen nicht mit seinem Nutzen für die Gesellschaft in eins gesetzt wird.[1]

These:

Wahrnehmendes Beobachten befähigt Erzieher, Kindern das Erlernen von Problemlösungsstrategien zu ermöglichen.
Der Weg zur frühkindlichen Bildung ist somit gegeben.

Gliederung:

1. Einleitung
2. Was ist frühkindliche Bildung?
3. Aufgaben des Kindergartens
3.1 Nicht Kompetenzen vermitteln, sondern Problemlösen fördern!
   (Bezug Bildungsvereinbarung 2011)
4. Wahrnehmendes Beobachten
5. Fazit

---

[1] Schäfer, Gerd E. (2014), S.13-14.

1. Einleitung

In diesem Referat möchte ich klären, warum beziehungsweise wie wahrnehmendes Beobachten zur Entwicklung der frühkindlichen Bildung beitragen kann.

Dabei soll zunächst dargestellt werden, was unter frühkindlicher Bildung im Allgemeinen zu verstehen ist. Im weiteren Verlauf wird dann geklärt, wie dieser Prozess institutionell begleitet werden kann und worauf zu achten ist. Im Speziellen werden dabei vor dem Hintergrund der Bildungsvereinbarung 2011 die pädagogischen Lern- und Fördermöglichkeiten im Hinblick auf die Kompetenzvermittlung erörtert. Zum Abschluss wird das Beobachtungsverfahren „wahrnehmendes Beobachten" vorgestellt, welches meinerseits im Fazit bezüglich der Ausgangsthese des Referates kritisch hinterfragt wird.

2. Was ist frühkindliche Bildung?

„Bildung ist durchweg mit einer Vorstellung von der Selbsttätigkeit des Individuums verbunden. Sie ist etwas, was der Mensch selbst verwirklichen muss und kann nicht von außen erzeugt werden"[2], deswegen muss „das Kind als Akteur seiner eigenen Entwicklung"[3] angesehen werden. Bildung beginnt laut Gerd E. Schäfer mit der Geburt, wofür sie „eine vielfältige und differenzierte Umwelt mit sozialen Beziehungen brauchen."[4]

„Bildung ist somit keine Ware, die vermittelt werden kann, "[5] sondern „Lernen im Kontext."[6] „Dabei geht dieses Bildungsverständnis von zwei Weisen des Lernens aus: Lernen aus den eigenen Erfahrungen und Lernen durch die Übernahme von Wissen, das bereits- von anderen Menschen gedacht- vorstrukturiert vorliegt. Dieses nennt man auch Bildung aus erster und zweiter Hand."[7]

> *Bildung aus erster Hand*, das meint ein Lernen aus eigenen Erfahrungen heraus, aus dem, was man erlebt, wahrgenommen, geordnet, in Bilder gefasst und schließlich in Sprache übersetzt hat. [...]In den ersten drei Lebensjahren bilden sich Kinder nahezu ausschließlich durch eigene Erfahrungen, also durch das, was sie tun und erleben. [...]bestehen diese Bildungsprozesse aus der individuellen Wahrnehmung und Ausdeutung dessen, was das soziale und kulturelle Umfeld an konkreten Beziehungs- und Sacherfahrungen über zwischenmenschliche Aushandlungsprozesse präsentiert. [...]Sie bilden den Ausgangspunkt seines ´Denkens`.
>
> *Bildung aus zweiter Hand*, das meint ein Lernen als Übernahme von dem, was einem erzählt wird. Sie wird erst dann möglich, wenn Kinder einigermaßen die Sprache beherrschen. [...]Diese Erfahrungen werden zwar als Wissen gespeichert. Aber diesem Wissen entsprechen keine Sinneserfahrungen, Handlungen, Erlebnisse, eigene Fragestellungen oder Denkbemühungen. [...]man kann

---

[2] Schäfer, Gerd E. (2014), S.14.
[3] ebd. S.24.
[4] ebd. S.33.
[5] ebd. S.41.
[6] ebd. S.42.
[7] vgl. Schäfer, Gerd E., et al. (2012), S.13.

Mitgeteiltes nicht [...] unmittelbar in Erfahrung verwandeln. Sie werden erst zu eigenen Erfahrungen, wenn man sie mit bereits vorhandenen Sinnes- und Körpererfahrungen verknüpfen kann. [...]Nun kann kein Mensch all das, was eine Kultur ausmacht, aus erster Hand erfahren und erlernen. Aber ein reiches sinnlich- körperlich verankertes und durch Nachdenken geklärtes Erfahrungsrepertoire ist eine wichtige Voraussetzung für Bildungsprozesse aus zweiter Hand.[8]

„Kleine Kinder lernen in erster Linie also aus Erfahrungen, und je kleiner sie sind, desto ausschließlicher."[9]

„Neue Erfahrungen entwickeln sich aus alten Erfahrungen, bauen darauf auf. Sie knüpfen an vorhandene Erfahrungsmuster an, die sich als praktikabel erwiesen haben. Durch Variationen und Umwandlungen werden neue Erfahrungen in die vorhandenen Erfahrungsmuster eingebaut."[10]

„Das hat jedoch zur Folge, dass frühkindliche Bildung Gelegenheiten zu gemeinsam geteilten Erfahrung bedarf."[11] „Erfahrungen, die sie mithilfe ihres kindlichen Anfängergeistes wahrnehmen können und differenzieren lernen."[12] „Dieser Anfängergeist wird gekennzeichnet durch einige Voraussetzungen aller Kinder, welche sie mit der Geburt mitbringen:

- Körperliche Bewegung und sinnliche Erfahrung
- Das Erfassen emotionaler Bedeutungen
- Kommunikationsfähigkeit
- Mimik lesen und beantworten
- Neugier
- Ordnen der Erfahrung in Ereigniszusammenhängen
- Kreativität "[13]

„Die Beteiligung des Kindes an seiner sozialen und kulturellen Umwelt ist damit als Grundlage von Bildungsprozessen anzusehen. Denn nur durch diese werden ihnen Erfahrungen auf unterschiedlichen Ebenen ermöglicht, welche sie als Zugang zur Umwelt nutzen können. An der Selbsttätigkeit des Kindes liegt es dann, seine Umwelt so zu erschließen und kennen zu lernen, dass es sie für seine Entwicklung gebrauchen kann."[14] „Niemand außer ihm selbst kann auf diesen Prozess direkt Einfluss nehmen, da er sich in seinem Kopf abspielt und mithilfe seiner individuellen, bereits vorhanden Erfahrungsmuster ein kategorisiert und ausdifferenziert wird."[15] „Diese Handlungs- und Denkmöglichkeiten nennt man auch Selbstbildungspotenziale. Selbstbildungspotenziale, welche das Individuum im Verlaufe seiner Biografie entwickelt hat, um sich in der Welt zu orientieren, darin zu leben, handeln und denken zu können. Sie gehen von den Möglichkeiten aus, die mit der Geburt gegeben sind (kindlicher Anfängergeist), und erweitern

---

[8] Schäfer, Gerd E. (2014), S.52-53.
[9] vgl. Schäfer, Gerd E., et al. (2012), S.15.
[10] Schäfer, Gerd E., et al. (2012), S.15.
[11] vgl. Schäfer, Gerd E. (2014), S.67.
[12] vgl. Schäfer, Gerd E., et al. (2012), S.17.
[13] vgl. ebd. S.16-17.
[14] vgl. ebd. S.20.
[15] vgl. ebd. S.14.

sich in dem Maße, in dem sie in konkreten Lebenssituationen tatsächlich angewendet werden."[16]

„So gesehen kann dann Bildung, als ein Prozeß der geistigen Verarbeitung, der auf die Welt und das Welterleben Bezug nimmt, tatsächlich mit der Geburt beginnen."[17]

Prozess der Bildung, als Bedeutungsgewinnung durch eigene Verarbeitung. Schritte einer Beschreibung nach Gerd E. Schäfer:

- Man kann nicht gebildet werden, bilden muss man sich selbst. Wenn man also beim Kind von Bildung sprechen möchte, muß es Wirklichkeit erfahren können, die ihm etwas bedeutet.
- Damit *Sinn und Bedeutung* entstehen, müssen ein subjektiver Prozeß von Bedeutungssuche und -findung, sowie ein sozialer und sachlicher Prozeß der Herausforderung durch Be-Deutungsangebote zusammentreffen.
- Neuer Sinn entsteht dadurch, daß bestimmte Erfahrungen, die ein Kind bereits für sich als bedeutungsvoll erlebt hat, mit neuen Sachbezügen verknüpft, und dadurch den Sinnhorizont auf diese ausweitet. Bereits erfahrene Bedeutungen werden auf neue Situationen ausgedehnt und dadurch erweitert oder differenziert.
- Wenn Bildung von Erfahrungsmustern ausgeht, die sich bis zum gegenwärtigen Zeitpunkt in einem Kind gebildet haben, dann hat es Bildung nicht nur mit logisch-rationalen Prozessen zu tun, sondern mit allem, was zur subjektiven Erfahrungsbildern beiträgt.
- Bei alledem bleibt selbstverständlich, daß es Aktivität und subjektive Bedeutsamkeit im Bildungsprozeß nicht gäbe, wenn da nicht Dinge, Gegenstände, Wirklichkeitsbereiche wären, die diese Aktivität und Bedeutsamkeitssuche herausforderten.[18]

Deswegen ist Bildung auch als Lernen im Kontext anzusehen und nicht als Ware, die einfach so vermittelt werden kann.

Als ein körperlich verankerter Prozess lässt sich frühkindliche Bildung nicht als ein Geschehen beschreiben, in dem sich das Subjekt Welt aneignet, sondern als ein wechselseitiger Regulationsprozess, in dem sich innere und äußere Welt situationsbezogen und vor den jeweiligen biografischen Hintergründen aufeinander beziehen und wechselseitig abstimmen.[19]

„Zudem darf nicht außer acht gelassen werden, dass Selbstbildung nur der Anteil des Kindes ist, mit welchem es sich an der Erschließung seiner Wirklichkeit beteiligt." Denn wenn sich die soziale Umwelt und Kultur am kindlichen Bildungsprozess nicht beteiligen, dann bleiben Kinder entweder ungebildet, oder der Bildungsprozess entgleist."[20]

---

[16] vgl. Schäfer, Gerd E. (2014), S.23.
[17] https://www.hf.uni-koeln.de/data/eso/File/Schaefer/Vorlesung_Bildungsprozesse.pdf S.4.
[18] https://www.hf.uni-koeln.de/data/eso/File/Schaefer/Vorlesung_Bildungsprozesse.pdf S.4-5.
[19] Schäfer, Gerd E. (2014), S.34.
[20] ebd. S.69.

Dementsprechend muss es Aufgabe der sozialen Umwelt sein, für die frühkindliche Bildung eine differenzierte und strukturierte Erfahrungswelt auf der Basis eines eigenen Welterlebens anzubieten, so dass Kinder im späteren Lebensverlauf auch dazu befähigt sind, aus Instruktionen von anderen einen Nutzen ziehen zu können.[21]

In wie fern der Kindergarten dazu beitragen kann und welche Vorstellung die Bildungsvereinbarung NRW 2011 hat, wird im nächsten Punkt aufgeführt.

3. Aufgaben des Kindergartens

Mit der Entdeckung des frühkindlichen Lernens und dem Druck von PISA und Co rückte die Kindertagesstätte in das Blickfeld der Öffentlichkeit. Daraufhin wurden ab dem Jahr 2004 Bildungspläne entworfen, welche die hauptsächliche Funktion der Tagesbetreuung von Kindertageseinrichtungen änderte. Sie sind somit heute anerkannte pädagogische Einrichtungen, in denen wichtige Grundsteine für die Bildung und Entwicklung der Kinder gelegt werden sollen. Seitdem ist Bildung, Erziehung und Betreuung Aufgabe jeder Kindertagesstätte.

> „Während unter **Erziehung** die Reaktionen einer Gesellschaft auf die Entwicklungstatsache verstanden wird, rückt der **Bildungsbegriff** eher das eigenwillige und selbstständige Handeln des Individuums bei seinen Lernprozessen in den Mittelpunkt sowie deren Beziehungen zu einem übergreifenden soziokulturellen Zusammenhang."[22]

> „Die Kindertagesstätte hat einen gegenüber der Schule eigenständigen Bildungsauftrag. Er leitet sich aus wissenschaftlichen Erkenntnissen, insbesondere aus der Entwicklungspsychologie, der beobachtenden Kleinkindforschung sowie der Kognitionsforschung ab, die als Basis einer Bildungstheorie für die frühe Kindheit herangezogen werden können. Darüber hinaus bietet die Kindertagesstätte den Eltern ein familienergänzendes und -unterstützendes Angebot und trägt damit zur Vereinbarkeit von Familie und Beruf bei."[23]

3.1 Nicht Kompetenzen vermitteln, sondern Problemlösen fördern!

Die obigen Auffassungen von Erziehung und Bildung sind sehr unterschiedlich. Diesen Widerspruch findet man auch in der Bildungsvereinbarung NRW 2011 wieder. „Während sie sich einerseits auf den Bildungsbegriff im Sinne Humboldts ´Aneignung von Welt´ beruhen, geben sie parallel den Begriff der Kompetenz als Entwicklungstatsache an."[24]

„Demgegenüber jedoch sollte man mit der Entdeckung der frühkindlichen Bildung die Schlussfolgerung ziehen, dass Kinder weder unterfordert sind, noch frühzeitig gefördert werden müssen. Pädagogisch geplante Lern- und Fördermöglichkeiten stellen somit nur Einschränkungen dar, auch wenn sie so nah wie

---

[21] Schäfer, Gerd E. (2014), S.54.
[22] ebd. S.13.
[23] Schäfer, Gerd. E. (2007), S.179.
[24] vgl. Bildungsvereinbarung NRW 2011, S.5.

möglich auf die Erfahrungswege der Kinder abgestimmt sein mögen. Deswegen sollte es viel mehr das Ziel sein, Kindern eine vielfältige und kinderfreundliche Umwelt zur Verfügung zu stellen, so dass sie ihre eigenen Lernwege verfolgen können.[25]

Während die Bildungsvereinbarung NRW 2011 mit mehr Chancen durch Bildung von Anfang an wirbt, ist ihr Ziel jedoch die Chance auf Teilhabe an der Gesellschaft. So ist neben den Bildungszielen: „Entwicklung der Persönlichkeit" und „Selbstbildungspotenziale ausschöpfen", auch das Ziel der „Vorbereitung auf zukünftige Lebenssituationen" wie die der Vorbereitung auf eine sachliche Zukunft und die der Vorbereitung auf eine soziale Zukunft, aufgeführt. Das ganze soll einem Ausgleich von Benachteiligungen entgegenwirken.[26]
Das Problem was sich hierbei stellt, ist die Interpretationsfrage. Während das Kind im Bildungsansatz NRW als Kann-Kind verstanden wird, darf man dieses nicht mit dem Soll-Kind verwechseln.[27]

Das hat zur Folge dass die im zweiten Teil des Bildungsansatzes detaillierten Bildungsmöglichkeiten zu den einzelnen Bildungsbereichen, sowie die zusätzliche Beschreibung von Basiskompetenzen, auch nur als Möglichkeiten verstanden werden dürfen.[28] Als Möglichkeiten, welche sich lediglich für Kinder in ihren Bildungsprozessen eröffnen können, wenn sie daran teilhaben wollen. Denn „Bildungsprozesse gehen davon aus, dass die Wirklichkeit nicht in Funktionen geordnet vor uns liegt. Sie beschränken sich auch nicht auf die isolierte Nutzung einzelner Kompetenzen, sondern sehen das Zusammenspiel von Kräften, Funktionen, Kompetenzen als eine wichtige Aufgabe beim produktiven Lösen von Aufgaben an."[29]

So betonte auch Humboldt, „dass die gesellschaftlich- kulturellen Kräfte nicht als einzige und ausschlaggebende die Bildung des Menschen bestimmen."[30]
„Denn wenn Kinder auf die Zukunft vorbereitet werden sollen, kann dies nicht heißen, dass wir sie auf das vorbereiten, was wir für die Zukunft halten und wofür unsere heutige Generation Erwachsener die Schlüssel in der Hand halten zu glaubt."[31] „Schließlich haben wir trotz vieler Antworten kein Wissen darüber, welche Probleme Kinder in fünfzehn oder zwanzig Jahren lösen müssen."[32] Deswegen gilt es Kindern nicht Kompetenzen zu vermitteln, sondern Problemlösen zu fördern.

„Dafür bedarf es jedoch Kreativität: eine Fähigkeit unbekannte und bislang nicht überschaubare Situationen oder Probleme so einzuschränken und zu ordnen, dass sie im Kopf denkbar gemacht und im Handeln durchgespielt werden können."[33]

---

[25] Schäfer, Gerd E. (2014), S.33.
[26] Schäfer, Gerd E. (2014), S.182-185.
[27] Schäfer, Gerd E. (2014), S.35.
[28] vgl. Bildungsvereinbarung NRW 2011, S.25-66.
[29] Schäfer, Gerd E. (2007), S.181.
[30] Schäfer, Gerd E. (2014), S.14.
[31] vgl. Schäfer, Gerd E., et al. (2012), S.19.
[32] Schäfer, Gerd E. (2007), S.69.
[33] vgl. Schäfer, Gerd E. (2007), S.68.

„Kinder sollten deshalb darauf vorbereitet werden, mit offenen, ungeklärten Situationen möglichst produktiv umgehen zu können. Das heißt, Probleme wahrzunehmen und zu erkennen, die es zu lösen gilt."[34]

„ Diese Notwendigkeit nimmt jedoch in dem Maße ab, wenn Kinder in die Lage kommen, lediglich die Denk- und Bedeutungsvorschläge anderer einfach übernehmen zu müssen"[35], „so dass sie ihren Anfängergeist nicht weiterentwickeln können."[36]

> Wenn Kinder jedoch von Beginn ihres Lebens an als Wesen betrachtet werden, die mit den ihnen gegeben Mitteln versuchen, die Welt um sich herum besser zu begreifen, dann unterstützen wir die vermutlich wichtigste Fähigkeit, die sie auch in ihrem späteren Leben immer wieder benötigen: bedeutsame Probleme in ihrem Leben aus eigener Kraft wahrzunehmen und so aufzubereiten, dass sie dafür Lösungen finden können.[37]

Die wichtigste Aufgabe des Kindergartens als Bildungsinstitution sollte also sein: Kinder so gut zu beobachten, dass sie in ihren Bildungsprozessen begleiten werden können.

Begleitung in dem Sinne, dass Erzieher den Kindern eine vielfältige Umwelt zur Verfügung stellen. Dabei ist es ihre Aufgabe die individuellen Möglichkeiten der Kinder zu unterstützen und heraus zu fordern, damit Kinder lernen können ihre auftretenden Probleme selbst erfolgreich zu lösen.

> Die Unterstützung frühkindlicher Bildungsprozesse kann sich daher keinesfalls nur auf die Förderung bestimmter Kompetenzen beschränken, sonder bedarf einer Kultur des Lernens.[38]

Um diese Beobachtungsaufgabe wahrzunehmen, wird im nächsten Punkt zunächst geklärt werden, was man unter „Wahrnehmenden Beobachten" versteht, sowie was dabei beachtet werden sollte.

4. Wahrnehmendes Beobachten

Wie schon Humboldt sagte, braucht das Subjekt ein Gegenüber, durch das es sich bilden kann.

„Das heißt, dass es das selbsttätige Kind ohne den Erwachsenen nicht gibt. Selbsttätigkeit ist nicht Von-selbst-Tätigkeit"[39], „sondern bedarf der Beteiligung eines Kindes an seiner sozialen und kulturellen Umwelt, welche ihm der Erwachsene innerhalb sozialer Beziehungen ermöglichen kann."[40]

---

[34] vgl. Schäfer, Gerd E., et al. (2012), S.19.
[35] vgl. Schäfer, Gerd E. (2007), S.69.
[36] vgl. Schäfer, Gerd E., et al. (2012), S.19.
[37] Schäfer, Gerd E. (2007), S.69.
[38] Schäfer, Gerd E., et al. (2012), S.25
[39] ebd., S.53.
[40] vgl. ebd. S.20.

„Bilden kann sich das Kind aber auch nur, wenn der Erwachsene diese Beteiligung zulässt und ihm dazu noch eine Resonanz über sein Handeln und Denken gibt."[41]

„Das bedeutet, dass der Erwachsene sich mit dem Kind über sein Tun verständigen muss, sowie ihm zuhören sollte, damit die gemeinsamen Erfahrungen auch geteilt werden können." [42]

So kann der Bildungsprozess von Kindern wahrgenommen werden und wirkungsvoll unterstützt werden. Diese professionelle Haltung nennt man auch wahrnehmendes Beobachten.

„Wahrnehmendes Beobachten ist also ein vielfaches Zuhören, welches sich nicht nur auf die sprachliche Kommunikation und Verständigung beschränkt, sondern sich auch auf die Tätigkeit von Kindern, sowie auf die Interaktion zwischen Kindern und Erwachsenen richtet." [43] So wird auch der Grundgedanke des wahrnehmenden Beobachtens wie folgt beschrieben:

> Wie muss ich mir die Situation des Kindes und sein Erleben vorstellen, damit das, was ich von ihm wahrnehme sinnvoll erscheint? Gefragt ist also eine Perspektive, in der das Tun und Erleben des Kindes einen Sinn hat, auch wenn es aus der Außenperspektive vielleicht für sinnlos gehalten werden kann. Leitet dieser Grundgedanke wahrnehmendes Beobachten, dann ist eine wichtige Voraussetzung gegeben, dass sich das Kind von der Beobachterin in seiner Eigenwertigkeit respektiert und anerkannt fühlt. Insofern trägt wahrnehmendes Beobachten zu einer achtungsvollen Haltung dem Kind gegenüber bei.[44]

„Dementsprechend dient wahrnehmendes Beobachten um:
- uns den kindlichen Denkweisen und Vorstellungen zu nähern;
- die Absichten und Interessen der Kinder zu erfassen;
- zu verstehen, welche Gedanken sich Kinder bei dem machen, was sie tun;
- auf die Absichten und Tätigkeiten der Kinder fachlich antworten zu können;
- Kinder bei ihren selbst gewählten Aufgaben zu begleiten, zu unterstützen und/ oder herauszufordern."[45]

Wenn von Beobachtung gesprochen wird, gibt es jedoch eines zu bedenken: „Die subjektive Prägung". - „Denn das Bild einer Beobachtung setzt sich aus subjektiven und objektiven Anteilen zusammen, wenn Pädagogen Kinder kennenlernen."[46] Die dazugehörige Frage, die daraus für sie resultiert, muss also sein: Was nehme ich wahr?

> Denn die Beobachtung anderer Menschen ist grundsätzlich eine andere Angelegenheit als die Beobachtung materieller Dinge. Materielle Dinge können von mehreren Beobachtern unabhängig voneinander wahrgenommen werden. Man kann sich in seinen Wahrnehmungen aufeinander beziehen und sie an der Sache

---

[41] vgl. Schäfer, Gerd E. (2014), S.80.
[42] vgl. Schäfer, Gerd E., et al. (2012), S.53.
[43] vgl. ebd. S.53.
[44] ebd. S.35.
[45] ebd. S.53.
[46] vgl. S.30.

selbst immer wieder überprüfen. Das Tun von Menschen hingegen hat für sie selbst eine Bedeutung."[47]

Denn genau wie Kinder, haben wir im Verlauf unseres Lebens Erfahrungen gesammelt, welche unsere Wahrnehmung beeinflussen. Beeinflusst wird sie zudem von unseren Gefühlen, also von dem was wir als bedeutungsvoll erleben, welches somit unsere Aufmerksamkeitsrichtung einer Beobachtung lenkt."[48] Das bedeutet, dass „wir die Welt so wahrnehmen, wie sie unsere Wahrnehmungswerkzeuge, die Sinne (Fernsinne, Körpersinne), für uns umwandeln."[49]

„Wahrnehmen ist also eine sinnliche Konstruktion der Wirklichkeit und leitet unseren Blick subjektiv auf die unterschiedlichen Bilder einer Beobachtung, welche aufeinander abgestimmt werden müssen."[50]

Bei der Beobachtung eines Kindes müssen drei Bilder aufeinander abgestimmt werden:

1. Das Kind, das wir selbst einmal waren:

> Wir kennen Kinder in allererster Linie, weil wir selbst einmal Kinder waren. Dieses biografische Bild kann einseitig, verzerrt, und wenig zuverlässig sein. Dennoch greifen wir darauf zurück, wenn wir das Kind vor uns verstehen wollen. Deshalb ist es wichtig, möglichst viel von uns selbst zu kennen, wenn wir uns mit anderen Menschen beschäftigen wollen.[51]

2. Das wissenschaftlich konstruierte Kind:

> Die Begrenztheit des biografischen Bildes vom Kind nötigt, nach anderen Hilfsmitteln Ausschau zu halten. Um mehr vom Kind zu kennen und zu wissen, untersuchen wir Kinder wissenschaftlich. Beim Beobachten von Kindern begegnen wir also einem zweiten Kind, nämlich dem wissenschaftlich konstruiertem Kind. […] Aber auch das wissenschaftlich konstruierte Kind hat enge Begrenzungen.
>
> Um wissenschaftlich zu sein, muss der Wissenschaftler seinem Blick auf das Kind stark einschränken, damit er das Wenige, das er nun sieht, umso genauer sehen kann.[52]

3. Das Kind vor uns:

> Das biografische Kind in uns und das wissenschaftlich konstruierte Kind reichen also nicht aus, um das Kind zu verstehen, das vor uns steht. Es kann von unserem biografischen Wissen und von unserem wissenschaftlichen Wissen unter Umständen stark abweichen. […] Deshalb braucht Beobachtung nicht nur Vorstellungen vom Kind, die den Blickwinkel auf das reale Kind bereichern, sondern auch die Bereitschaft, sich auf Wahrnehmungen einzulassen, die von den bisher gekannten Kindermodellen mehr oder weniger abweichen.[53]

„Die Bedeutsamkeit einer Wahrnehmung ergibt sich also einerseits aus der Perspektive der Erzieherin auf das Kind, andererseits aus der Perspektive des

---

[47] ebd. S.29.
[48] vgl. Schäfer, Gerd E., et al. (2012), S.33.
[49] vgl. ebd. S.28.
[50] vgl. ebd. S.30.
[51] vgl. ebd. S.30.
[52] vgl. ebd. S.30.
[53] vgl. ebd. S.30.

Kindes auf sein Umfeld und die Erzieherin."[54] Diese Verdoppelung der Perspektiven soll mit dem Begriff des wahrnehmenden Beobachtens ausgedrückt werden."[55]

Folgerungen für das wahrnehmende Beobachten sind somit:

- Beobachtung des Kindes unter Berücksichtigung aller Wahrnehmungsformen (Fernsinne, Körpersinne, emotionale Wahrnehmung)
- Wahrnehmung des situativen Kontextes, in dem Kind und Beobachterin sich bewegen und auf den sie sich beziehen;
- Selbstbeobachtung der Beobachterin, um zu verstehen, was sie selbst zur Konstruktion der Beobachtungssituation beiträgt.[56]

„Um diese Folgerungen zu berücksichtigen, bedarf es einen Moment des Innehaltens: Innehalten, bevor wir handeln, innehalten, damit sich ein Horizont des Verständnisses für das bilden kann, was Kinder tun."[57]

> Innehalten ermöglicht, dass wir uns in unseren Annahmen über das Kind von den Handlungen und Äußerungen des Kindes stören lassen. Insofern ist das wahrnehmende Beobachten die professionelle Vorleistung, die dem Kind methodisch eine Einwirkung auf unsere pädagogischen Absichten sichert.[58]

„Innehalten, um wahrzunehmen, ist die Voraussetzung für die Beteiligung des Kindes an seinen Bildungsprozessen und damit für die Entstehung dieser doppelten Perspektivität." [59]

„Beobachten ist also eine Form der Beziehung, die zu den Kindern aufgenommen wird." „Eine Beziehung, die eine achtungsvolle Haltung dem Kind gegenüber verkörpert, wenn der Grundgedanke des wahrnehmenden Beobachtens verinnerlicht wurde: Eine Perspektive ein zu nehmen, in welcher das Tun und Erleben des Kindes einen Sinn hat, auch wenn es aus der Außenperspektive vielleicht für sinnlos gehalten werden kann. Denn so kann sich das Kind von der Beobachterin in seiner Eigenwertigkeit respektiert und anerkannt fühlen."[60]

> „Wahrnehmendes Beobachten ist also eine Haltung, die Kindern signalisiert: Ich nehme dich wahr, ich interessiere mich für dich, für dein Tun, deine Frage, dein Gedanken und Ideen. Treten wir Kindern mit dieser Haltung gegenüber, ´erleben (sie) die aufmerksame, an ihrem Tun interessierte Beobachtung als Zuwendung, Anerkennung und Ermutigung, als Signal: Das, was du tust, ist von Bedeutung."[61]

---

[54] ebd. S.31
[55] vgl. Schäfer, Gerd E., et al. (2012), S.31
[56] vgl. ebd. S.31.
[57] vgl. ebd. S.35.
[58] ebd. S.34.
[59] ebd. S.35.
[60] vgl. ebd. S.35.
[61] ebd. S.37.

5. Fazit

Bezieht man die Grundaspekte vom wahrnehmenden Beobachten auf die Forschungsergebnisse der frühkindlichen Bildung, ist die These:

„Wahrnehmendes Beobachten befähigt Erzieher, Kindern das Erlernen von Problemlösungsstrategien zu ermöglichen. Der Weg zur frühkindlichen Bildung ist somit gegeben, " zu bestätigen.

Zu bestätigen weil, wahrnehmendes Beobachten der Ausgangspunkt einer Pädagogik des Innehaltens ist. Dieses Innehalten ermöglicht den Erwachsenen, sich den kindlichen Denkweisen und Vorstellungen zu nähern. Der daraus resultierende „Abgleich zweier Perspektiven- der Perspektive des Kindes und der des Erwachsenen- im Moment des Beobachtens"[62], eröffnet den Kindern wiederum die Chance eigene Problemlösungsstrategien zu entwickeln. „Ein Moment des Innehaltens verhindert also, dass Erwachsene mit vorgefertigten Handlungsmustern auf ein vorgefertigtes Bild vom Kind eingehen."[63] Dementsprechend kommen Kinder weniger in die Lage die Denk- und Bedeutungsvorschläge anderer einfach übernehmen zu müssen.

Dieses ist gerade deswegen für die frühkindliche Bildung so wichtig, da Kinder aus eigenen Erfahrungen lernen, also einer Bildung aus erster Hand bedürfen. „Bildung aus zweiter Hand geht im Vergleich zwar scheinbar schneller, weil sie einige Schritte auslassen kann"[64], aber „um derart Mitgeteiltes begreifen zu können, müssen Kinder diese Botschaft in seiner Bedeutung einschätzen oder gar realistisch überprüfen lernen."[65] „Dafür brauchen sie jedoch reale Erfahrungen, vor deren Hintergrund sie das Mitgeteilte einordnen können. Das heißt, Kinder benötigen Bildung aus erster Hand, um Bildungswissen aus zweiter Hand sinnvoll nutzen zu können."[66] Umso mehr Erfahrungen Kinder also aus erster Hand erfahren können, umso besser können sie im weiteren Verlauf, wie beispielsweise im Schulleben, Bildung aus zweiter Hand nachvollziehen, oder gar eigenständig Probleme beim Lösen von Aufgaben bewältigen.

Entgegen dieser Chancen des wahrnehmenden Beobachtens sind jedoch auch einige Risiken zu bedenken:

Denn „die Verständigung mit Kindern setzt voraus, das wir wahrnehmen, was sie tun und treiben, das wir erkennen, was sie sich ausdenken, dass wir sensibel dafür sind, was sie fühlen und empfinden."[67] Das heißt, im Gegensatz zu anderen Beobachtungsverfahren „werden nicht einzelne Verhaltensweisen gezielt

---

[62] Schäfer, Gerd E., et al. (2012), S.35.
[63] ebd., S34-.35.
[64] vgl. Schäfer, Gerd E. (2014), S.53.
[65] vgl. ebd., S.53.
[66] vgl. ebd., S.53.
[67] Schäfer, Gerd E., et al. (2012), S.27.

beobachtet, sondern es bedarf einer breit gefächerten Aufmerksamkeit im Alltag den Kindern gegenüber, welche offen für Unerwartetes und Überraschendes ist."[68] Bedenkt man hierbei den Personalschlüssel einer Kindergartengruppe ist kritisch zu hinterfragen, wie viel Kapazität dem Personal bleibt, jedem Kind in dem Sinne gerecht zu werden. Denn neben dem Bildungsauftrag der Erzieher verbleiben ihnen noch etliche andere Aufgaben, welche sie im Alltag bewältigen müssen. Das heißt zum einen, „dass didaktische Arrangements getroffen werden müssen, welche die Selbstständigkeit des Kindes in seinem Bildungsprozess herausfordern und unterstützen"[69], sowie zum Anderen, dass der Alltag so organisiert sein muss, dass Erzieher neben den anderen anfallenden Tätigkeiten diese Aufmerksamkeit für die Kinder aufbringen können. Der zeitliche Faktor für die Gestaltung der Beziehung einer solchen Haltung Kindern gegenüber, spielt also eine bedeutende Rolle, wenn wahrnehmendes Beobachten vollzogen werden soll. Das alles reicht jedoch nicht aus, denn um den Kern des wahrnehmenden Beobachtens in seiner Vielfalt zu erfassen, muss zuerst das ausführende Individuum ein Bewusstsein dafür erlangen. Wahrnehmendes Beobachten kann man nicht einfach so erlernen, es ist eher eine Haltung die eingenommen werden muss. Eine Haltung, welche die Beziehung zu dem Kind an oberster Priorität setzt, so dass alle andere anfallenden Aufgaben der Erzieher in den Hintergrund rücken. Dieses gilt es bei der Organisation im Alltag zu berücksichtigen. Es bedarf Zeit, um Kinder in ihrem Bildungsweg zu begleiten. Ist dieses Bewusstsein geschaffen, ist der Weg zur frühkindlichen Bildung auch gegeben. Denn wenn man im Sinne unserer Leistungsgesellschaft, der Überzeugung ist,

> dass Kinder immer früher immer mehr lernen müssen, läuft man Gefahr, dass Kinder noch früher als bisher ein Lern- und Bildungsverständnis erfahren, das sie davon abhält, ihre Sinne zu gebrauchen, die Welt aus eigener Anschauung zu erfassen, sich eigene Gedanken über das zu machen, was ihnen in ihr auffällt, mit den Möglichkeiten zu spielen, die sich aus den vielfältigen Zugängen zur Wirklichkeit und zur eigenen Subjektivität ergeben, Probleme zu lösen, die andere vor ihnen noch nicht gelöst haben.[70]

Deswegen gilt es

> [...] frühkindliche Bildung als ein Forschungsunternehmen zu begreifen, in dem Kind, Kinder und Erwachsene zusammenspielen, sich gegenseitig zuhören, aufeinander reagieren, Vorschläge einbringen, sie gemeinsam überprüfen und die Ergebnisse immer wieder verändern, wenn Schulen Institutionen sind, die dieses gemeinsame Forschen herausfordern und unterstützen, wenn die Neugier Erwachsene wie Kinder treibt, Fragen zu stellen und zu beantworten, dann kann Bildung mit der Geburt beginnen, dann sind die Eltern die ersten Partner im kindlichen Bildungsprozess, dann können Krippen und Kindergärten Bildungsinstitutionen- meinetwegen Schulen- werden, vor denen man sich nicht schützen muss, sondern die man ihnen (neidlos oder neidvoll) gönnen sollte.[71]

---

[68] Schäfer, Gerd E., et al. (2012), S.27.
[69] Schäfer, Gerd E. (2014), S.39
[70] ebd., S.39.
[71] ebd., S.39.

Literaturverzeichnis

A. Primärliteratur

- Bildungsvereinbarung NRW 2011

B. Sekundärliteratur

- Schäfer, Gerd E.: Was ist frühkindliche Bildung? Kindlicher Anfängergeist in einer Kultur des Lernens. Zweite Auflage. 2014 Beltz Juventa, Weinheim und Basel.
- Schäfer, Gerd E./ Alemzadeh, Marjan: Wahrnehmendes Beobachten. Beobachtung und Dokumentation am Beispiel der Lernwerkstatt Natur. 2012 verlag das netz, Berlin und Weimar.
- Schäfer, Gerd E.: Bildung beginnt mit der Geburt. Ein offener Bildungsplan für Kindertageseinrichtungen in Nordrhein- Westfalen. 2007 Cornelsen Verlag Scriptor GmbH& Co.KG, Berlin/ Düsseldorf/ Mannheim.
- Schäfer, Gerd E.: Bildungsprozesse in der frühen Kindheit. URL:https://www.hf.uni-koeln.de/data/eso/File/Schaefer/Vorlesung_Bildungsprozesse.pdf

BEI GRIN MACHT SICH IHR WISSEN BEZAHLT

- Wir veröffentlichen Ihre Hausarbeit, Bachelor- und Masterarbeit

- Ihr eigenes eBook und Buch - weltweit in allen wichtigen Shops

- Verdienen Sie an jedem Verkauf

Jetzt bei www.GRIN.com hochladen und kostenlos publizieren